En homenaje a V. Ganesan

(nieto de Sri Ramana Maharshi)

DL NA 692-2021

ISBN: 9798736402052 (kdp)

OM SRIRAMANARPANAMASTU

'Sea esta una ofrenda a Sri Ramana'

INTRODUCCIÓN

V. Ganesan es mi hermano espiritual. Él ha dedicado toda su vida (86 años ahora en 2021) a trabajar en y por el ashram de Bhagavan Ramana y a propagar las enseñanzas del Maharshi. Es por todo ello que le dedico este pequeño homenaje, con mi amistad y respeto.

ESBOZO BIOGRÁFICO

Ganesan (o Ganesanna, como le llaman sus amigos y colaboradores) es nieto del gran maestro espiritual de la India, Sri Ramana Maharshi. No es posible hablar de Ganesan sin referirnos a la familia de Ramana Maharshi.

V. Ganesan nació el día de Ganesa Chaturthi en septiembre de 1936 cerca de Tiruvannamalai, Tamil Nadu. Como saben, Tiruvannamalai es la ciudad donde está el ashram de Ramana Maharshi y donde se asienta la montaña de Arunachala. Toda su niñez y parte de su adolescencia hasta la edad de 14 años la pasó al lado del Maharshi y de los devotos de Bhagavan. El 14 de abril de 1950, en el momento del *mahanirvana* o *mahasamadhi* (muerte) de Ramana, Ganesan se encontraba en la puerta de la habitación de Maharshi, mirando a Bhagavan y viendo pasar los centenares de personas que llorando o en total silencio desfilaban por delante de la sala, tratando de captar la última visión de Bhagavan.

Ramana Maharshi llegó a Arunachala el 1 de septiembre de 1896 y durante cincuenta y cuatro años no se movió de la colina sagrada. En 1917, Ramana habitaba en la cueva de Skandasram, tras haber vivido en otros lugares y cuevas (Virupaksha Cave, etc). Ese mismo año se unieron a Ramana su madre Alagammal (o Alamelu) y su hermano pequeño Nagasundaram Iyer. Toda la gente le llamaba

Chinnaswami ('pequeño swami' o 'joven swami'), para diferenciarlo de Sri Ramana. Incluso cuando se hizo un sannyasi y tomó el nombre de Sri Niranjananda, la gente en el ashram le seguía llamando Chinnaswami. Y después cuando ocupó el puesto de administrador o gerente del ashram, también le conocían como 'sarvadhikari'.

Chinnaswami

Chinna swami, el abuelo de Ganesan, llegó a Skandasram tras una serie de desastres personales, incluida la muerte de su esposa. La madre de Ramana pidió a Bhagavan que acogiera a su hermano en el pequeño ashram de aquel entonces y Bhagavan así lo hizo.

Nagasundaram tenía un hijo pequeño: T. N. Ventakaraman, el padre de V. Ganesan, que había nacido el 26 de mayo de 1914. T. N. Ventakaraman era el único descendiente de la familia porque de los cuatro hermanos, el hermano mayor de Sri Ramana, Nagaswami Iyer había muerto; su hermana Alammelu estaba casada pero sin descendencia y Ramana era un sadhu que vivía en un ashram religioso. Al padre de Ganesan le llamaban Ventakoo (Ventakú sería la trascripción en español).

Ventakoo con Ramana

7

Ventakoo vivió en Ramanasram casi desde niño. Desde 1938 hasta 1953 ayudó a su padre en la gestión del ashram. En 1953 (tres años después de Sri Ramana Maharshi) murió Chinnaswami. Sus últimas palabras fueron: "En todos estos años no he tocado un solo 'anna'[1] ni para mí ni para mi familia y todo mi esfuerzo lo he dedicado a Bhagavan".

Desde 1953 hasta 1994, Ventakoo fue el presidente y gestor de Ramanasramam. La denominación real era y sigue siendo "President of the Board of Trustees of Ramanasramam". En ningún caso quiere significar dueños o alguien con derechos especiales. Cuenta V. Ganesan que Ventakoo, su padre, les dijo a los hijos: « Somos meros administradores del ashram. No tenemos ningún derecho especial sobre él. Más bien somos como el perro atado a la entrada de la finca».

En 1994, Ventakoo tomó sannyasa (se hizo sannyasi), abandonó todos los cargos del ashram y pasó a llamarse Swami Ramanananda Saraswati. Entonces la dirección del ashram pasó al hijo mayor de Ventakoo y, por tanto, hermano mayor de Ganesan, V. S. Ramanan. Ventakoo murió el 26 de diciembre de 2007, a los 93 años[2].

---

[1] Era 1/16 de una rupia.
[2] Si alguien desea más información acerca de Ventakoo, puede leer el ejemplar de la revista 'The Maharshi' de Enero-Febrero 2008.

Swami Ramananda Saraswati

Podemos decir que Ventakoo fue un buen administrador de Ramanasramam debido a su gentil talante con los antiguos devotos de Bhagavan. En los cuarenta años de su gestión hizo un gran esfuerzo en publicar libros de Sri Ramana o acerca de Sri Ramana que aún quedaban por publicar y además logró sanear las cuentas del ashram.

Quiero referirme especialmente a un episodio de su etapa (y de la de Chinnaswami), que no mucha gente conoce. Se trata de un importante asunto judicial que tuvo lugar en marzo de 1938. Cuando unos meses antes Chinnaswami fue nombrado administrador, hubo otros antiguos devotos de Ramana que se ofuscaron y recurrieron ese nombramiento.

Para que en el futuro no ocurriesen problemas semejantes, se redactó un documento legal, que fue leído ante Ramana Maharshi. Este escuchó atentamente, hizo algún breve comentario y dio su aprobación. El documento establecía que en adelante el administrador (Sarvadhikari) sería Chinnaswami y después Ventakoo y sus descendientes. Es decir, desde entonces, la posición de administrador del ashram sería hereditaria en la familia. Chinnaswami firmó el documento, luego lo hizo Ventakoo, pero al llegar el turno de Bhagavan, él simplemente dibujó una línea (ya que no tenía nombre). El documento se inscribió en el registro de Madrás (ahora Chennai) el 6 de marzo de 1938, apareciendo como testigos varias personas que tenían relación con el ashram, tal como Yogi Ramiah, Dr. T.N. Krishnaswami y Sri Narayana Iyer.

**

Pero regresemos a nuestro amigo Ganesan. Como ya he apuntado antes, V. Ganesan tuvo la suerte de vivir cerca de Sri Ramana Maharshi hasta los catorce años. Tras el *mahasamadhi* de Bhagavan, hubo una desbandada general de los devotos que habían estado cerca del maestro. Por ejemplo, entre los occidentales, solo el mayor Chadwick y Arthur Osborne, se quedaron en el ashram.

En 1953, Ganesan fue a la Universidad de Madrás a estudiar Economía. Allí logró su licenciatura en 1956.

Ganesan junto a Sri Ramana Maharshi, hacia 1946.

Siempre que podía regresaba a Tiruvannamalai a ayudar a su padre Ventakoo en la gestión del ashram. Ganesan nos dice de esa época: «En esos años, yo no sentía ninguna inclinación hacia la vida espiritual, ni deseaba quedarme en el ashram permanentemente».

No deseando vivir inmerso en Ramanasramam, Ganesan buscó trabajo entre los muchos conocidos de la familia, pero sin éxito. Así que en 1958, regresó a la Universidad de Madrás, donde estaba T.M.P. Mahadevan, un profesor de filosofía que había estado involucrado con Sri Ramana Maharshi y con Ramanasramam. De hecho, TMP Mahadevan fue de los primeros en publicar un libro sobre el Maharshi y su filosofía. El profesor Mahadevan aconsejó a Ganesan que hiciera un Master en Filosofía en el departamento que él dirigía y Ganesan, siguiendo su consejo, se matriculó en el master.

Durante sus estudios de filosofía se encontró y tuvo como profesor a C. T. K. Chari, a quien Ganesan admiraba. El profesor Chari jugó un papel importante en la vida de Ganesan, del siguiente modo: cuando Ganesan consiguió su Master en Filosofía en 1958, y le ofrecieron la posibilidad de realizar el Doctorado, el profesor Chari le lanzó la siguiente pregunta:

« ¿Qué deseas ahora? ¿Deseas quedarte en este departamento de Filosofía y terminar como uno de nosotros? Mejor que regreses a Ramanasramam donde está la verdadera sabiduría.

Ve al ashram y practica las enseñanzas espirituales de tu abuelo Ramana, pues son la verdadera espiritualidad. La "indagación del yo" es el pináculo de toda la filosofía. ¡Ve allí y vive las enseñanzas! Recuerda lo que decía Swami Vivekananda: "Cualquier filosofía, y me refiero especialmente al Vedanta Advaita, solo como teoría, será como una piedra de molino atada a tu cuello, mientras que la práctica es el cielo terrenal"».

El sincero reto del profesor C. T. K. Chari tuvo un poderoso efecto en Ganesan. Así que en 1959 regresó a Ramanasramam para vivir allí permanentemente, ayudando a su padre Ventakoo. Desde 1960 a 1995, durante 35 años, fue 'manager' del ashram trabajando bajo la tutela del presidente, su padre. También, desde 1970 a 1995 fue editor-en-jefe de "Mountain Path", la revista de Ramanasramam. Desde 1963, inicio de la revista, hasta 1970 (cuando murió Osborne), Ganesan trabajó codo con codo con Arthur Osborne. Desde entonces, Ganesan ha guardado un profundo agradecimiento hacia ese devoto inglés de Sri Ramana Maharshi.

1960 fue un año clave para Ganesan y luego me referiré a ello. Sin embargo, existe un insólito episodio de su juventud (solo lo he podido leer en una ocasión) que quiero referir, aunque solo fuera para mostrar cómo trabaja la gracia divina.

Cuando Ganesan tenía unos veinte años (la fecha exacta la desconozco) fue a visitar a un familiar a Bombay y, como se encontraba en un estado de conciencia alterada, decidió ir a

Kasi (Varanasi, Benarés), la ciudad sagrada del norte de la India:

«En Kasi, por la gracia de Dios, me recobré bastante, pero debido a mi mal estado de salud, me desmayé. La gente me dio por muerto y me dejaron en un lugar donde se apilaban los cadáveres. Pasaron por allí unos Bairagis[3] y viendo que no había fallecido me aplicaron su tratamiento tradicional: me pusieron una barra de hierro candente en la espalda. Pero la herida se infectó y me encontraba muy débil. Mi padre Ventakoo logró averiguar dónde me encontraba y me trajo de regreso a Tiruvannamalai. Aquí, el doctor Krishnamurthy Iyer, a quien considerábamos el "doctor del ashram" y a quien Bhagavan solía llamar de ese modo, me trató con cuidado. Junto con la medicación, él me solía contar anécdotas de Sri Ramana. El doctor solía decirme: 'Las historias de Ramana Maharshi te están curando tanto como las medicinas'».

***

---

[3] Bairagis son una de las castas de la India. Poseen un gran sentido religioso. En esta historia hay que entender que intentaban curar a Ganesan con ese antiguo método.

14

[1960]

Ya he dicho antes que 1960 fue un año cardinal en la vida de V. Ganesan. Él siempre repite que los devotos de Ramana Maharshi has guiado su vida por completo.

Como ya he relatado, Ganesan regresó a Ramanasramam en 1959, a la edad de 23 años. Sin embargo, todavía no tenía claro cuál era su papel en el ashram y tenía aún varias cuestiones y dudas espirituales que resolver. Así que habló con T.K. Sundaresa Iyer, antiguo devoto de Ramana y residente en el ashram y quien había estado involucrado con Swami Ramdas. S. Iyer le reveló la sabiduría de Yogi Ramsuratkumar y este le envió a pedir consejo a Swami Ramdas en Kerala.

Al llegar a Anandashram en Kerala, Swami Ramdas le envió directamente a ver a Mataji Krishnabai[4]. En esencia, Mataji le confirmó que su *sadhana* (práctica) espiritual era traer de nuevo al ashram a los viejos devotos de Ramana Maharshi que se habían desperdigado tras su muerte, cuidarlos y atenderlos en Ramanasramam.

Mataji también le dio una advertencia, muy beneficiosa para Ganesan, a mi entender: «Puesto que eres pariente del Maharshi, el mayor jñani[5] de nuestro tiempo, la gente va a

---

[4] Pueden leer la entrevista completa en el capítulo 'Mataji Krishna Bai'.

tratar de lavarte el cerebro, diciendo: '¡Siete generaciones antes y siete generaciones después de la vida de un jñani, su familia recibirá automáticamente la liberación!' No te lo creas. El conjunto de la humanidad es la familia de un jñani. Sin hacer sadhana nadie va a obtener la Realización. El hecho de nacer en la familia de un jñani es sin duda de lo más afortunado. La gente te respetará, te obsequiará con cosas materiales, te alabará y puede que incluso te adoren. Pero recuerda, nada de esto te hará avanzar ni un milímetro en tu viaje interior hacia el logro de la Realización. Sé siempre consciente de esta simple verdad – eso te ahorrará caer en uno de los mayores escollos de haber nacido en la familia de un jñani».

Siguiendo las claras indicaciones de Mataji sobre su sadhana personal, Ganesan, al regresar a Ramanasramam, dedicó mucho tiempo y esfuerzo para recobrar antiguos devotos de Sri Ramana que se habían alejado del ashram y habían vuelto a sus hogares. Fruto de ese esfuerzo fue que logró recuperar entre 40 y 50 de aquellos viejos devotos que habían estado con Ramana o habían servido como asistentes suyos. El listado completo de estos devotos se pueden leer en el libro de Ganesan 'Ramana Periya Puranam'[6].

Dedicó su trabajo no solo a rescatar esos 40 a 50 devotos, sino que durante treinta y cinco años (1960-1995),

---

[5] Jnani o jñani: sabio, en el sentido de 'conocedor de la Realidad'.
[6] Vean el listado de devotos en el capítulo 'Ramana Periya Puranam'

16

Ganesan se dedicó a cuidarlos, proporcionarles atención médica (muchos de ellos eran ancianos), etc. Además se construyeron en el ashram de Ramana habitaciones para ellos. Ganesan (y el resto del personal de Ramanasramam) así mismo se cuidaron de incinerarlos o enterrarlos según fuera su última voluntad.

Otra faceta del trabajo de Ganesan ha sido recuperar, recopilar y publicar las memorias y recuerdos acerca de Bhagavan de estos antiguos devotos.

Entre todos ellos, los dos último devotos que atendió fueron Kunju Swami, que falleció en 1992 y el último, Ramaswamy Pillai, que falleció en 1995 a la edad de casi cien años.

Ganesan cuenta que en 1995, al despedir a Ramaswamy Pillai, sintió que sus responsabilidades con Ramanasramam (y su pacto espiritual con Mataji) habían terminado.

***

Otra novedad importante en la vida de Ganesan en los años 1990 y siguientes, han sido sus charlas. Con anterioridad, Ganesan era totalmente reacio a exponer su comprensión de las enseñanzas de Ramana Maharshi y, además, como dice David Godman, siempre ha existido la tradición entre la familia de

Ramana (como administradores) de NO exponer ni tratar de explicar la enseñanza de Bhagavan.

¿Qué le hizo cambiar? El encuentro con dos maestros espirituales: Nisargadatta Maharaj y Yogi Ramsuratkumar.

Ganesan visitó a Nisargadatta Maharaj en Bombay por primera vez hacia 1976 y luego en 1979 y en 1981. Desde el primer encuentro Maharaj trató a Ganesan con sumo respeto. Le hizo sentar sobre varios cojines y Nisargadatta se postró ante él. Le dijo:

«Sri Ramana Maharshi es mi hermano. Así que tú eres mi nieto. En vida de Sri Ramana no tuve oportunidad de ofrecerle mis respetos, así que lo hago ahora contigo».

Además, en su último encuentro, Nisargadatta le pidió que diera charlas acerca de Ramana Maharshi. Ganesan protestó diciendo que él era incapaz. Maharaj le miró a los ojos y le dijo:

«Ese [que se siente incapaz] no es Eso que va a hablar. ESO hablará a través de ti. No debes preocuparte».

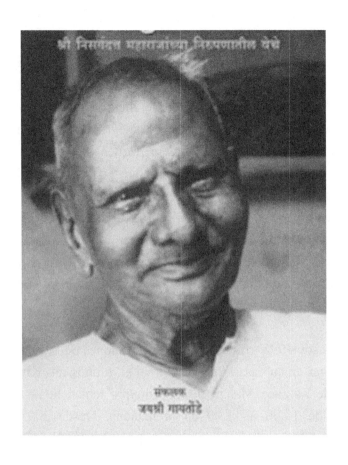
श्री निसर्गदत्त महाराजांच्या निरूपणातील वेचे

संकलक
जयश्री गायतोंडे

Nisargadatta Maharaj

Así es como Ganesan comenzó sus 'Sharing sessions'. Él insiste en que esa es la expresión adecuada de lo que hace: no da enseñanzas, ni charlas, ni conferencias, ni explicaciones. Simplemente comparte: «El gozo y la alegría de compartir no tiene comparación con nada. Genera pequeñas explosiones en quien escucha. El hablar y el exponer solo proporcionan explicaciones. Del mismo modo, las respuestas que recibe el que interroga solo nos dan la falsa satisfacción de haber aclarado las dudas. Las respuestas nunca solucionan nuestros problemas. Mientras que el verdadero compartir puede disolver la forma misma de los problemas. La comunicación de corazón a corazón es el verdadero compartir»[7].

Desde 1995 más o menos, estas sesiones de 'compartir' tienen lugar en su casa 'Ananda Ramana', a unos dos Km. del ashram de Ramana Maharshi. Al principio tenían lugar todos los días de 10.00 a 11.00 de la mañana. Desde 2005, las sesiones se han reducido a dos días por semana, de 10.00 a 11.30.

Hacia 2005, Gansesan tuvo una grave operación del corazón. Los médicos le aconsejaron que redujera su actividad. Ese es el motivo de la reducción de las sesiones. Con la pandemia del Covid-19, como tantas otras actividades, las sesiones se suspendieron. Desconozco si se retomarán en el

---

futuro. Sí se que Ganesan tiene intención de proseguir mientras su salud se lo permita, porque él lo considera su sadhana.

***

También hacia 1990, a medida que disminuían sus responsabilidades en el ashram, Ganesan comenzó a viajar al extranjero, siempre en relación con las enseñanzas o sus recuerdos de Sri Ramana Maharshi. Así, en 1990 viajó a Londres y a USA. En 1991, repitió la visita a los Estados Unidos invitado por AHAM, una asociación americana relacionada con Ramana Maharshi. En 1992 se trasladó a Italia para dar varias charlas y después también a USA. Terminó su periplo en 1992-93 y 1994 con viajes a Japón y Hong Kong, invitado por devotos de Sri Ramana Maharshi.

El último aspecto de V. Ganesan a que quiero referirme es a su faceta de escritor de libros de espiritualidad. Estos son sus libros publicados sobre Ramana Maharshi:
1. 'Purushottama Ramana', Bangalore, Ramana Centre for Learning, 1988; segunda edición, 1998.
2. 'Moments Remembered'. Ramanasramam, 1994. Recoge sus recuerdos y anécdotas acerca del Maharshi.
3. 'Direct Teachings of Bhagavan Ramana', publicado en 2003 por Ramanasramam.
4. 'Drops from the Ocean', 2005. Luego publicado como ebook de libre distribución.

5. 'Ramana Periya Puranam' (Inner Journeys of 75 Old Devotees), 2013. Publicado por AHAM USA para distribución libre.

6. 'Meetings with Sages and Saints', 2016. Publicado por AHAM USA para distribución libre.

Para la descarga de los tres últimos libros, vayan a la página web de AHAM.

Antes de presentarles algunos extractos de los libros de Sri V. Ganesan, quisiera copiar aquí unas breves y profundas citas suyas:

«La guía espiritual de los antiguos devotos de Ramana Maharshi ha continuado durante toda mi vida. He aprendido de ellos que la práctica de la sadhana, la guía espiritual, la gracia y el progreso espiritual son un continuo sin cese, como montarse en un cinta trasportadora. El primer impulso de tomar el camino de la espiritualidad y la guía recibida de los sabios y santos, conducirá al buscador espiritual con suavidad y firmeza hacia el destino de la auto-realización».

***

«Si Bhagavan Ramana es la estrella polar que nos guía –el Satguru que a todos guía – entonces los sabios y santos son como los faros que alumbran con su luz siempre que un aspirante espiritual se topa con zonas oscuras de ignorancia y dudas».

«Por mi cercanía a Ramana Maharshi, yo comprendía bien la enseñanza directa de la 'auto indagación'. Sin embargo, quizás mi entendimiento necesitaba ser reforzado. Por eso creo que Bhagavan me envió todos estos santos y sabios. Todos

23

ellos me decían, casi al unísono, con una única voz: 'Permanece aquí en Ramanasramam. No vayas a ningún otro lugar en busca de la Verdad. Bhagavan es la Verdad. La montaña Arunachala es tu hogar. Las bendiciones de Dios se derraman sobre ti' ».

***

[Ganesan desea que termine con esta cita, que en realidad es una bendición para todos ustedes]

«Os aseguro que en cada uno de tus esfuerzos por pequeño que sea, la Gracia del gurú (maestro) Ramana y las bendiciones de los sabios y santos te proporcionarán la fuerza necesaria en tu marcha hacia la Auto-Realización».

DE 'RAMANA PERIYA PURANAM'

Listado de antiguos devotos y seguidores de Bhagavan que aparecen en 'Ramana Periya Puranam'.

1- Madre Azhagammal (madre de Ramana Maharshi)
2- Palani Swami
3- Perumal Swami
4- Ramanatha Brahmachari
5- Gambhiram Seshayya
6- Sivaprakasam Pillai
7- Ratnammal
8- Meenakshiammal
9- Desurammal
10- Echammal
11- Mudaliar Paati
12- Kavyakantha Ganapati Muni
13- Sadhu Natanananda
14- Manavasi Ramaswami Iyer
15- Frank Humphreys
16- Masthan Swami
17- Vilacheri Ranga Iyer
18- Saab Jaan
19- T. K. Sundaresa Iyer
20- Venkatesa Shastri
21- Raja Iyer
22- G. Ramaswami Pillai
23- Kunju Swami
24- Niranjanananda Swami (Chinna Swami)
25- B. V. Narasimha Swami
26- Suddhananda Bharati
27- Krishna Bhikshu
28- Devaraja Mudaliar
29- Viswanatha Swami

30- Annamalai Swami
31- Sri Muruganar
32- Jagadisa Shastri
33- Daivarata
34- K. Lakshmana Sarma (Who)
35- Munagala Venkataramiah
36- K. K. Nambiar
37- Prof. G. V. Subbaramayya
38- Paul Brunton
39- Major Chadwick
40- Maurice Frydman
41- S. S. Cohen
42- N. Balarama Reddiar

Señoras que trabajaron en la cocina del Ashram :
43- Santhammal Sankarammal
44- Subbalakshmiammal
45- Sampurnammal
46- Lokammal

47- T. P. Ramachandra Iyer
48- Swami Madhavtirtha
49- Chaganlal V. Yogi
50- Prof. N. R. Krishnamurthy Iyer

Asistentes de Bhagavan :
51-S. Doraiswamy Iyer
52- Sivananda Swami
53- Ramakrishna Swami
54- Vaikuntavasar

55- Dr. M. Anantanarayana Rao
56- Sadhu Brahmaniam
57- Yogi Ramiah

58- Dr. M. R. Krishnamurti Iyer
59- Dr. Hafiz Syed
60- Narayana Iyer
61- Dr. T. N. Krishnaswami
62- Framji Dorabji
63- H. C. Khanna
64- Sivarama Reddiar
65- Janaki Mata
66- Eleanor Pauline Noye
67- Suri Nagamma
68- Arthur Osborne
69- Papaji
70- Robert Adams
71- Lakshmana Swami
72- Yogi Ramsuratkumar
73- Wolter Keers
74- Nagalakshmi (madre de Ganesan)

DE 'MEETINGS WITH SAGES AND SAINTS'

Kunju Swami (centro) con Ganesan (a la derecha)

MATAJI KRISHNA BAI

Mataji Krishna Bai y Swami Ramdas

Mataji Krishnabai (1903 - 1989)

Madre Krishnabai, después de haber sufrido varios
reveses y golpes en su temprana vida culminando con el
fallecimiento de su marido, entró en contacto con Swami

Ramdas en el año 1928 y se convirtió en su principal discípula. Alcanzó la realización del Ser siguiendo implícitamente las enseñanzas de su Gurú. Su realización le llevó a dedicar su vida al amor y al servicio; Mataji fue verdaderamente una madre para todos los que cayeron bajo su hechizo desde el mismo inicio del ashram de Swami Ramdas en Kerala – Anandashram–.

Día tras día, ella se esforzó por servir a los devotos, así como los pobres y necesitados. Para ella, sirviendo a otros se sirve al Yo. Como Swami Ramdas solía decir, todas las actividades del ashram giraban alrededor de su visión perfecta y de su amor ilimitado y dedicación al Gurú. Después del Mahasamadhi (muerte) de Swami Ramdas en el año 1963, la madre Krishnabai se puso a guiar los asuntos de Anandashram y atender a su familia espiritual. A pesar de su mala salud, llevaba su misión sin descanso hasta su Mahasamadhi en 1989. Swami Ramdas dijo estas bellas palabras de ella: «Ella era la encarnación del amor universal y del servicio, en el verdadero sentido de estas palabras».

Esto es lo que Sri Ganesan me escribió acerca de Mataji Krishna Bai: «Mataji Krishna Bai ha sido y será siempre el capitán que pilota mi nave espiritual, conduciendo los pequeños y grandes asuntos de mi vida. Para mí, es y será siempre un Gurú viviente (vivo)».
Es por ello que escribió este texto que presento.

***

«Como he contado antes, fue Swami Ramdas quien me
dirigió a Mataji Krishna Bai. El primer *darshan* que tuve con
Pujya Mataji me estremeció de alegría. Yo no sabía –y nadie
me lo había dicho hasta ese momento– que Mataji era una
santa. Más tarde lo supe y lo comprobé por mí mismo. Así que
la experiencia de serenidad y de santidad que experimenté en
su presencia no pudo ser una proyección mental mía –
simplemente fluía de ella de la manera más natural. Hago una
mención específica de este hecho para confirmar a los nuevos
buscadores espirituales que la divinidad y la santidad existen
en estas personas extraordinarias, independientemente de la
percepción basada en la información derivada de los libros o de
otros devotos. Cuando llegué, Pujya Mataji[8] no se encontraba
bien. El Dr. Leelavati, que la asistía, estaba con ella. Swami
Satchidananda me presentó a Mataji. Mataji me miró con todo
el afecto, amor y compasión y me dijo: "Hijo, ¿qué puedo
hacer por ti?" Le respondí: "Mataji, ¡Tengo problemas y
necesito su ayuda!". Ella pareció sorprendida y me dijo:
"Entonces, ¿por qué viniste a mí? Deberías haber visto a Papá
Ramdas[9] primero". Yo, a mi vez, me quedé muy sorprendido.
Me dije en mi interior: "¿Qué es esto? ¿Están jugando al tenis
conmigo?". Desconcertado, le respondí: "Pero, Mataji, ¡fue

---

[8] Ganesan y los demás la llaman Pujya Mataji: sería como
'respetada madre'.
[9] Papá Ramdas era el apelativo informal y cariñoso de Swami
Ramdas.

Papá Ramdas quien me ha enviado específicamente a estar con usted!" Ella me preguntó: "¿Qué te ha dicho?". Repetí lo que Papá me había dicho: "En ese caso, vaya a ver a Mataji. Ella tratará con usted".

Entonces pude percibir que un tremendo cambio le sobrevino a Mataji. Ella se quedó inmóvil, en silencio y se quedó como una estatua durante unos momentos y después vertió sobre mí estas palabras gloriosas de 'abhayam' (aceptación), "¡Oh! Pujya Papá Ramdas lo ha dicho y le ha enviado a mí. Eso significa que debo ocuparme de usted completamente. Me han confiado toda la responsabilidad de usted. ¡Sí! ¡Acepto ayudarle de buen grado!".

Durante un largo rato, un flujo constante de silencio lo impregnaba todo. Volviendo a su porte normal, me dijo, "no me encuentro bien ahora. Así que venga aquí a las cuatro de la tarde, cuando voy a dar un paseo. A continuación, hablaremos". Mataji se giró hacia el Dr. Leelavati y le dijo que estuviera allí a esa hora para actuar como intérprete entre nosotros.

Puntual a las cuatro en punto yo me encontraba en la amplia sala. Mataji también entró en la sala junto con el Dr. Leelavati. Me postré ante Mataji, arrodillándome ante ella, y le dije: "Mataji, quiero hablar con usted sobre asuntos personales ". Mataji me miró con dulzura y me preguntó: "¿Usted entiende mi malayalam? Yo le puedo entender si me habla en tamil[10]. Así que Dr. Leelavati, se puede ir". Cuando se fue, nos quedamos solos. Para mi buena fortuna, Mataji se dignó a hablar conmigo durante más de una hora. A través de la conversación y de la Gracia que provenía de Mataji, mi vida dio un giro completo y fui capaz de pasar página y comenzar de nuevo.

Aún de rodillas ante Pujya Mataji, vi su cara de luna, desabordando paz, que se dirigía a mí: "Hijo, dime, ¿cuál es tu problema?". La poderosa a la vez que maternal presencia de Mataji me abrumó con asombro y éxtasis y, por tanto, me llevó un tiempo recuperar mi facultad de habla para responderle: "Mataji! Yo me he alejado del mundo para llevar una vida austera en un ashram, para siempre. Tomé la decisión por mí mismo y estoy seguro de que me aferraré a esta decisión, cueste lo que cueste. Sin embargo, tengo dos grandes dudas. Una es, ahora tengo 24 años y mi cuerpo y mi mente están en excelentes condiciones. Me mantengo firme en que no quiero ninguno de los placeres que me puedan ofrecer el dinero, las propiedades, la posición y el poder. No tengo ni un ápice de duda al respecto. Pero, después de 10 o 15 años, no sé si física ni mentalmente me mantendré firme. Por tanto, quisiera saber si mi decisión de llevar una vida espiritual es correcta o no. Si no es así, me gustaría volver ahora mismo a la vida mundana, en lugar de volver al mundo después de varios años. Se lo

---

[10] Para entender este diálogo: malayalam es el idioma de Kerala (donde estaba Mataji) y tamil es el idioma de Tamil Nadu, de donde proviene Ganesan.

ruego, Mataji, por favor, déme una dirección clara en este sentido. La segunda duda es: después de haber vuelto a vivir al ashram[11] y habiéndome dedicado al camino espiritual tan temprano en la vida, busqué el consejo y la guía de ancianos devotos de Sri Bhagavan, que viven alrededor del ashram, para que me aconsejaran cuál debería ser mi *sadhana*[12]. Cada uno me aconsejó de manera diferente. Uno de ellos dijo, 'Aprende sánscrito'; otro, 'siéntate en meditación en la antigua habitación de Ramana durante una hora por la mañana y por la tarde'; otro, 'dedícate a recitar los Vedas junto con los chicos de la escuela Védica'; otro me dijo: 'sal del ashram, peregrina y visita toda la India, allí donde se encuentran sabios y santos, el que permanece dentro de una institución es como el pájaro con las alas encerradas en una jaula'. Cuando ellos me lo decían, sé muy bien que eran muy sinceros conmigo. Sin embargo, nada de lo que me dijeron penetró en mí. No es que yo me resistiera, pero ni mi mente ni mi cuerpo asimilaron ninguno de sus consejos. Así que mi confusión continúa. De modo que, Mataji, deseo que me guíe respecto a la práctica espiritual que debo tomar más en serio, claro está, si su respuesta a mi primera pregunta es 'sí'".

Pujya Mataji parecía muy contenta, ya que todo el tiempo mientras me escuchaba, su cara brillaba cada vez más y me sonrió con una sonrisa dulce como el néctar. Se inclinó, me tocó la cabeza y dijo: "Hijo, ¡yo te bendigo! Deseo corregir tu

---

[11] Se refiere a Ramanasramam.
[12] Sadhana: cualquier práctica o disciplina espiritual.

comprensión desde el principio. Tu comprensión está apoyada en una base equivocada. Debes rectificarla ahora mismo, en mi presencia, de modo que puedas seguir correctamente lo que voy a decirte. Has dicho repetidamente: 'Yo he elegido', 'Yo me he alejado', etc. mientras hablabas acerca de tu decisión de tomar esta sadhana y de pasar tu vida en un ashram. Ten la fe y la convicción absolutas de que no eres tú quien ha elegido la vida espiritual, sino que ha sido elegida por Dios. ¡No tienes otra opción que obedecer y seguirle! Con este fundamento básico y con la correcta convicción, ahora escúchame. Estás en el camino correcto. Ya que necesitas una garantía, te garantizo que vas a tener éxito en tu práctica espiritual y que no vas a desviarte del camino hasta alcanzar tu objetivo. Yo voy a guiarte y protegerte. Papá Ramdas me ha otorgado esta tarea. Por lo tanto, ¡no te preocupes! ¡Sigue adelante, sin nunca mirar hacia atrás!".

Después de algún tiempo, continuó: "En cuanto a tu segunda pregunta, ninguno de los consejos que te dieron otros en realidad te convenía, por la sencilla razón de que ninguno de ellos estaba destinado a ser TU modo de práctica espiritual. Tu particular *sadhana* es hacer regresar a todos esos antiguos devotos de Sri Bhagavan que se han ido lejos del ashram tras la muerte de Sri Bhagavan. Todos ellos se encuentran dispersos en muchos pueblos, ciudades y en sus lugares de origen. Ruégales, suplícales si es necesario, para convencerles que la morada del Maestro es su lugar de residencia y llévalos de vuelta al ashram. Después, cuida de ellos, haz que su estancia sea confortable, y así asístelos de manera concentrada y focalizada en ello. Todos ellos han sacrificado sus vidas personales de confort, posición y placeres por una vida en la proximidad de los sagrados pies de Sri Bhagavan. Ahora, debes extender esto a todos ellos, con respeto, amor y cuidados. Esta es tu *sadhana*. Hazlo con diligencia".

Ella se tomó un descanso y reposó un rato. Pero mi mente, en esa fracción de segundo, fabricó un pensamiento. Pujya Mataji me miró con una sonrisa traviesa, me acarició la cabeza y dijo: "¡Lo sé! Aunque estás dispuesto a realizar todo esto, tu mente se plantea la pregunta: '¿Y qué pasa con mi práctica espiritual?' ¿No es cierto? Al hacer este admirable servicio a los antiguos devotos, de manera centrada, con alegría, con diligencia y de forma continua, todas las etapas de tu sadhana se irán completando de forma automática en el momento apropiado. No te preocupes por eso. Esa es mi responsabilidad. Me he hecho cargo por completo de ti, y, por tanto, te voy a estar guiando ¡de principio a fin!'".

De nuevo, ella se tomó un descanso. Y, nuevamente, mi mente reflexionó rápidamente con este pensamiento: "Pronto los dos estaremos separados por cientos de kilómetros de distancia. Ella no puede venir a Arunachala y no sé si yo voy a volver otra vez a Anandashram. ¿Cómo va a guiarme en mi vida de día a día, en esta etapa que siento que es muy esencial para mí con mi sadhana aún tan vacilante?" Como un rayo, se abalanzó sobre mí y me dijo con gran compasión: "Mi guía continuará incluso cuando estés lejos de mí. ¡Pobre muchacho! Has de tener fe. Mi guía te protegerá durante toda tu vida. Podrás darte cuenta de ello a medida que el tiempo pasa. De todos modos, para tu entendimiento inmediato te voy a explicar cómo te voy a guiar. Si alguien viene a ti y te ofrece su consejo –a peticiones no formuladas por ti– considera que, ese consejo viene de mí. Igualmente, si algo te es arrebatado de cerca de ti –algo no solicitado – no te resistas, seré yo quien te lo está quitando. Voy a hacer estas dos cosas para tu progreso y crecimiento espiritual. Ahora quiero darle un anticipo de lo que voy a hacer por ti. "¿Has traído dinero contigo?". Saqué un billete de cien rupias. Ella continuó, "sujétalo frente a tu cara. A partir de ahora el dinero no te afectará. Por supuesto, conocerás su valor, pero estoy borrando de tu mente el poder del dinero sobre ti. ¡El poder del dinero nunca te corromperá!". Instantáneamente sentí la atracción del dinero caer lejos de mí. ¡Desde entonces hasta hoy, he perdido la capacidad de conocer el valor real del dinero! Luego dio unos pasos por la sala, y de nuevo vino hacia mí y dijo: "He respondido a tus preguntas. Ahora, quiero decirte algo de mí. Esto es para ponerte en el camino correcto y exitoso de tu sadhana. ¡Escucha con cuidado!". Me hizo mucha ilusión que Mataji hubiese condescendido a guiarme. Todavía siento que es la Gracia de Sri Bhagavan que me permitió merecer las palabras sumamente importantes de la sabiduría y la orientación práctica que Pujya Mataji derramaron sobre mí.

Ella prosiguió: "La sadhana no es un medio para un fin. Ninguna sadhana tiene una meta. Es tanto el medio como el fin, tanto el camino como el objetivo. Es como el entrenamiento deportivo. El entrenador dice inicialmente al novato: 'no hagas eso', 'no golpees la pelota fuera de la cancha' –sólo para centrar la atención del alumno sobre qué tiene hacer el novato en ese deporte. Aquí también, en la espiritualidad, se introduce la sadhana en el buscador espiritual como un medio hacia un objetivo. Dado que el objetivo en sí ya está ahí, es decir, su propio ser, ¿cómo puede existir otra meta distinta de quien realiza el esfuerzo? Por lo tanto, la práctica espiritual no es más que una iniciación a sumergirse dentro del Yo y encontrar el objetivo. Por eso se dice, 'el principio es el final'. La persona, en su supuesto estado de ignorancia, debe hacer sadhana para alcanzar la meta de la perfección. Los sabios realizados también guían a estos sadhakas[13] ignorantes y les dicen: «'Sí, sí, adelante. Sea diligente en su práctica espiritual. ¡Sólo entonces alcanzará la meta!». En realidad, ¡todo es Leela, todo es juego divino! Por lo tanto, se serio con tu sadhana ¡es el comienzo, el final y la cima más alta de tu vida!'".

Y continuó: "Aprende a usar solamente términos positivos. Nunca utilices términos negativos, como, 'No', 'no lo haría', 'no puedo', etc. Sé consciente de ello y busca una alternativa, una expresión positiva. En lugar de decir 'no puedo

---

[13] Sadhaka: buscador espiritual. Alguien que practica una sadhana

hacerlo', di, 'voy a tratar de hacerlo'. La negatividad, en cualquiera de sus formas, es el reino de la mente; siempre nos hunde y derriba, de manera lenta pero segura. En la positividad, nos acompañan los dones de la aceptación y de la responsabilidad. La gente, por lo general, evita tomar cargas. Un aspirante espiritual debe estar preparado en todo momento a asumir responsabilidades, porque en el fondo, todo el propósito de la creación es únicamente para que Dios pueda llevar a cabo su juego, su Leela. ¡Sé parte de ello! Ten una actitud positiva y utiliza sólo respuestas y términos positivos – mantente alerta al respecto. Con el tiempo, esa adhesión a lo positivo hará que la fuerza, la humildad, la sencillez y la perseverancia fortalezcan tu carácter, ya que estas son cualidades muy esenciales para el progreso hacia la Verdad.

"Nunca vuelvas la vista hacia el pasado. Siempre vive en el 'Ahora'. Del mismo modo, tampoco te obsesiones en planificar o soñar con el futuro. Confía en el Gurú. Ten fe en el camino con el que has sido bendecido. Presta toda la atención a tu sadhana. La sadhana se realiza siempre en el 'ahora'   sé consciente de esta importante instrucción. Los pensamientos pasados y los deseos futuros se inmiscuyen en el 'ahora' y nos robar la paz de sumergirse tranquilamente en la sadhana   ya sea japa, Atma Vichara, puja o parayana[14]. Mientras estés en el 'ahora', es decir, mientras hagas alguna de estas prácticas

---

14 Parayana: recitación cantada de los Vedas.

espirituales, nunca permitas que surjan los pensamientos sobre el pasado o del futuro y se entrometan".

"Cuando se crea un vacío, la ley de la naturaleza física es que el aire debe correr a llenarlo, de forma instantánea. Del mismo modo, cuando a través de total atención a una sadhana la persona se sumerge en el 'Ahora', lo que equivale a la creación de un vacío, ya que el 'ahora' está siempre desprovista de los contenidos de la memoria y de los deseos, objetos extraños en la forma de pensamientos pasados y futuros desean entrar y rellenar el vacío del 'ahora'. Esa es la razón por la que los sadhakas han luchado siempre contra los aparentemente insuperables pensamientos invasores, especialmente cuando uno progresa en su sadhana. Sólo la gracia de Gurú ayudará al verdadero sadhaka a vencer a estos invasores y permanecer en el silencio del 'ahora'. Por lo tanto, antes de sentarte en meditación, póstrate ante tu Gurú (o una imagen del Gurú), recita su nombre y pide su bendición, protección y guía, y luego sumérgete en la auto-indagación. Entonces verás la facilidad con que te establecerás en el 'ahora', y ¡comprobarás con qué destreza lo logras! Únicamente el Gurú existe, tú no".

"Sé siempre generoso. El que da es siempre y únicamente Dios. Ningún ser humano es capaz de producir ninguno de los productos que nos dan la vida. Por tanto, se debe entender claramente que el dador es Dios. Esa claridad te dota de la fuerza interior para desprenderte de las cosas y lo más importante, para no aferrarse a los objetos materiales. Al asumir esta actitud positiva de dar, el buscador espiritual es capaz de salvar con facilidad uno de los obstáculos más firmes en el progreso de la sadhana –el apego–. Deléitate en dar generosamente. Por eso es que todas las religiones predican la caridad y la limosna como virtudes cardinales. Permanece consciente de la necesidad de ser generoso, como uno de los rasgos más importantes para el progreso en la sadhana ".

"Acepta las cosas tal como vienen. Lleva una vida sencilla. Con esto no te estoy recomendando la austeridad. A tu edad, siendo tan joven[15], debes disfrutar de la vida plenamente. Haz lo que desees, pero con esta cláusula   ¿Aprobaría esto Mataji?   unida a cada uno de tus deseos. Esto te ayudará a decidir por ti mismo, sin ninguna traba, si el deseo ha de ser cumplido o ser rechazado. Trata de vivir desde el corazón y no sólo a través de la cabeza. Recuerda, el intelecto actúa meramente como una válvula de seguridad que nos ayuda a rechazar lo irreal, lo que impide calamidades y desastres, eso es todo. Nunca te puede llevar a la Realidad. Mientras que si sigues a tu corazón, nunca te cansarás, ya que es la Voz Interior, la intuición, ¡que a su vez es la divinidad actuando desde el corazón! Sus preceptos se basan en la compasión, el amor, la tolerancia y el sacrificio. El intelecto te instará a que seas siempre el ganador, el victorioso. El corazón, por el contrario, te protegerá incluso si te conviertes en un perdedor en la defensa de causas nobles. Sé un perdedor, no aspires a ser

---

[15] Ganesan tenía 24 años entonces.

el ganador, porque la ley eterna reza que las personas que pierden, en última instancia, ganan".

"Puesto que eres pariente del Maharshi, el mayor jnani de nuestro tiempo, la gente va a tratar de lavarte el cerebro, diciendo: '¡Siete generaciones antes y siete generaciones después de la vida de un jñani, su familia recibirá automáticamente la liberación!' No te lo creas. El conjunto de la humanidad es la familia de un jñani. Sin hacer sadhana nadie va a obtener la Realización. El hecho de nacer en la familia de un jñani es sin duda de lo más afortunado. La gente te respetará, te obsequiará con cosas materiales, te alabará y puede que incluso te adoren. Pero recuerda, nada de esto te hará avanzar ni un milímetro en tu viaje interior hacia el logro de la Realización. Sé siempre consciente de esta simple verdad – eso te ahorrará caer en uno de los mayores escollos de haber nacido en la familia de un jñani".

"Evita sobre todo presentarte y proyectarte como un 'alguien'. Nadie tiene que saber que eres un buscador espiritual. Compórtate con normalidad; hacer sadhana debe ser algo desconocido a los ojos de los demás. Mantenlo como un secreto y presérvalo como una joya preciosa. ¿No dijo Sri Bhagavan: 'No existen los otros'? En lo que se refiere a la sadhana, eso sólo significa que solo cuenta lo que tú hagas. El gurú conoce la sinceridad y la profundidad de tu sadhana. ¿Qué otra forma de reconocimiento has de buscar? El Gurú te guía tanto desde fuera como desde dentro. No son necesarias otras ayudas. No debe importarte más que tu sadhana. Para preservar la pureza de tu progreso, es necesario este mecanismo de defensa de no proyectarse como un buscador espiritual. Es mejor convertirse en 'nada'. Ser un 'nadie'. De este modo cuando estés vacío por dentro, es fácil para el Gurú venir a ocupar tu corazón, guiándote de esta manera desde dentro, que es la señal del progreso final en el camino espiritual. ¿No aconsejó Sri Bhagavan en repetidas ocasiones: 'Se simple, se humilde y se natural'? Estos son los tres rasgos más nobles a los que todo verdadero buscador debe aspirar y que deben enraizarse en su corazón para siempre".

"Por último, quiero asegurarte que tu Satgurú[16] es Bhagavan Sri Ramana Maharshi. Tienes la suerte de tener el mayor Jnani como tu Gurú. Aférrate a él, aférrate firmemente a sus sagrados pies. Nunca te desvíes de él. Nunca vayas en busca de ningún otro Gurú. Si realmente estás arraigado en tu Satgurú, será su deber ayudarte a madurar espiritualmente. También puede ser que él desee enviarte a aprender de otros maestros. Pero tú no tienes que hacer ningún esfuerzo para ir a otros maestros. Te conducirá a otros maestros cuando sea necesario –pero esa no debe ser tu preocupación –. Sin que lo pidas, te conducirá a otros maestros –no te resistas cuando esto se produzca. Una vez que te has entregado por completo a tu Satgurú, él te guiará al cien por cien, hasta la médula. ¿Quién

---

[16] Satguru o Sadguru: el verdadero gurú o maestro.

crees que te envió aquí? ¡Fue únicamente Sri Bhagavan! ¿Acaso es Papá Ramdas diferente de Sri Bhagavan? ¿Por qué Papá Ramdas te envió a mí? ¿Quién es Mataji Krishnabai sino Sri Bhagavan? ¿No fue Sri Bhagavan quien aclaró este punto diciendo: 'No hay Jnanis, sólo hay Jnana'? Sólo cuenta el Conocimiento. Para hacerlo florecer en el discípulo, el mismo Jnana aparece como el Satgurú, y lo lleva a otros maestros, quienes no son nada más que Jnana.

Sin embargo, si realizas esfuerzos para ir a otros maestros, los verás sólo como individuos. Pero, cuando el Satgurú te envíe, sólo verás jnana[17] y los beneficios recibidos de ellos también te llegarán de jnana solamente. Es el proceso de la maduración espiritual. La manera de funcionar del Satguru es a menudo misteriosa. Sin embargo, ¡puedes estar seguro de que siempre es para tu avance espiritual!".

"El Gurú es lo más importante. Pero, ¿quién es el Gurú? El Gurú no es sólo el cuerpo, la persona a la que se ve con los ojos. "La 'enseñanza' es el maestro. La 'enseñanza' es el Gurú". Conserva este secreto profundo en tu corazón como el tesoro más preciado. ¡Yo te bendigo, hijo! Aunque tú ya estás bendecido por Sri Bhagavan y por Papá Ramdas. ¡Ten la seguridad de que mi protección, mi guía y mis bendiciones estarán siempre contigo!".

---

[17] Jnana: sabiduría o conocimiento espiritual.

Tras escuchar a Mataji me sentía igual que una abeja atiborrada de néctar de la flor de loto. Tras colmarme con sus palabras, me levanté lleno de alegría y me postré repetidas veces ante Pujya Mataji. El néctar que había derramado de su santa boca, aunque muy valioso, solo pudo ser comprendido por mí muy lentamente en toda su profundidad y pureza, y esto ocurrió a medida que comencé a experimentar que cada frase suya se hacía realidad en mi viaje interior hacia el Yo. Volví a Arunachala después de permanecer unos días llenos de paz en Anandashram. Cuando fui a despedirme, tanto Papa Ramdas como   Pujya Mataji me bendijeron profusamente.

***

Ahora me resulta increíble mirar atrás y darme cuenta cómo desde hace 27 años, después que fui iniciado tan amablemente a mi sadhana por Pujya Mataji, no he tenido necesidad de volver a ella ni buscar ningún tipo de aclaración sobre su upadesa[18] divina. Esto, quizás, es la prueba —si fuera necesaria alguna prueba – de la fuerza espiritual y el poder de una verdadera santa.

Yo, por mi parte, he seguido muy meticulosamente el camino trazado por Mataji, sin un solo pensamiento de resistencia o de obstáculos. Todo se movía tan suavemente y

---

[18] Upadesa: instrucción espiritual o religiosa

tan bien que no hubo ni un solo fallo ni lugar para la decepción en todos mis esfuerzos. A mi regreso a Ramanasramam, empecé a recopilar datos, lenta pero constantemente, acerca de dónde se encontraban dispersos todos los viejos devotos de Bhagavan. Al igual que un programa bien planificado, ejecuté todo el esquema de las instrucciones impartidas por Pujya Mataji sin comentarlo con nadie, ni siquiera a mi padre que era el presidente del ashram bajo el cual yo estaba trabajando. En aquel momento, Ramanasramam se encontraba financieramente en un punto muy bajo y la adición de más personal al cuidado del ashram no hubiese sido bien recibido por la dirección. Especialmente cuando la mayoría de todos esos antiguos devotos eran o muy pobres o verdaderos sadhus.

En unas pocas décadas, gracias a la presencia mentora de Pujya Mataji, tuve éxito en traer de vuelta a Ramanasramam cerca de cuarenta antiguos devotos de Bhagavan. Fue a través de su gracia que pude cuidar de ellos y, de la mejor manera que supe, satisfacer sus necesidades, que naturalmente eran pocas. Para ello se construyeron habitaciones, contratamos algunos sirvientes y se consiguió ayuda médica. Y lo más importante fue que tuvimos que conseguir constantemente un flujo suficiente de donaciones para sostener todo esto. A pesar de la resistencia ocasional de algunos sectores de la administración del ashram, pude cuidar de ellos relativamente bien.

Al mismo tiempo que me postro ante Pujya Mataji por guiarme hasta el final, también ofrezco mis saludos sinceros a los pocos amigos que siempre me fueron útiles, que me apoyaron y extendieron hacia mí su ayuda inquebrantable de todos los modos de que fueron capaces durante todos esos años. Obviamente, yo no podría haber logrado todo eso por mí mismo. Realmente ha sido una gran oportunidad para mí estar en la proximidad de los antiguos devotos de Sri Ramana y servirlos, ¡ellos que habían tenido el privilegio de vivir tan próximos de la divina presencia del amado Bhagavan!

***

[En 1987, veintisiete años después, V. Ganesan regresó a ver a Mataji Krishnabai. Mataji era ya muy anciana entonces]

En 1987, visité Anandashram en una breve estancia. Una vez más, recibí en abundancia las bendiciones de Pujya Mataji. En aquellos días yo cargaba con un problema muy serio en relación con una imprenta.

[1989] Fue el ser realizado *(purusha siddha)* Yogi Ramsuratkumar[19], quien en 1989 me pidió que fuera inmediatamente a Anandashram a ver a Pujya Mataji, ya que ella me quería ver. Me dijo que ella estaba en su lecho de muerte y me estaba llamando. Me fui a Anandashram esa misma noche. Cuando llegué, Swami Satchidananda estaba de pie debajo del 'Panchavati'[20] repitiendo en voz alta y riéndose

---

[19] Yogi Ramsuratkumar era discípulo directo de S. Ramdas. Ver capítulo siguiente.
[20] Panchavati: parte de un templo al aire libre.

para sí: "'¡Ahora lo entiendo! ¡Ahora lo entiendo!'". Fui y me postré ante él y le pregunté lo qué había entendido. Él respondió: "Mataji me ha estado diciendo cada mañana y tarde de la semana pasada, '¡Ganesha se acerca! ¡Ganesha se acerca!'. Yo solía responder: '¡No, Mataji! Ganesha no puede venir. Definitivamente no viene'. Ella insistía, '¡No! Usted no lo sabe, pero yo sí lo sé. ¡Ganesha se acerca!'. Yo solía dejar las cosas así. Ahora entiendo que ella estaba prediciendo su llegada aquí. Yo tenía la impresión de que Mataji estaba hablando de su hijo de setenta años, Ganesha. Él está en un hospital mental en Pune y no será dado de alta a menos que Mataji les envía una carta de solicitud. Así que, como tal, yo afirmaba que Ganesha no podía venir aquí. ¡Qué ignorantes somos con nuestro conocimiento limitado y qué sabios son los santos! Nos ponemos a afirmar algo taxativamente como un loco y lo poco que sabemos. Pero, ¡Venga, venga! ¡Vamos a ir a ver a Mataji!'".

Mataji estaba postrada en cama y muy gravemente enferma. En Anandashram el darshan se había restringido a sólo una hora de la mañana por la debilidad de Mataji y había una larga fila para verla. Aparte de eso, los hombres habían desistido de ir a verla ya que la mayoría de las veces Mataji se cubría la cabeza con una tela fina. En consecuencia, sólo las mujeres asistían a verla. Cuando entramos en su habitación, después de avisar de nuestra llegada con suficiente antelación, Mataji nos recibió con una sonrisa magnífica. Swami Satchidananda se inclinó hacia ella y primero se disculpó con ella, diciendo que ahora entendía lo que le estaba diciendo todos los días durante la última semana. Ella respondió: "Me alegro de que ahora entienda. Manténgase siempre en un estado de aprendizaje". Se volvió hacia mí y me dijo: "¡Hijo! Quédate aquí. Descansa. Ven cada mañana y siéntate donde yo pueda verte". Yo estaba llorando –no podía soportar ver el cuerpo de Mataji tan demacrado, emaciado y delgado. Ella me bendijo tocándome la cabeza. ¡Lo qué vale una bendición, pensé, a cambio de mi pequeño esfuerzo de viajar unos pocos cientos de kilómetros! A la mañana siguiente, cuando entré en su habitación, me di cuenta que Mataji había hecho que colocaran un cómodo taburete para mí para sentarme cerca de sus pies sagrados donde ella me pudiera ver todo el tiempo, incluso cuando ella estaba acostada. Me sentía reacio a sentarse en un taburete que estaba a la misma altura de la cama de Pujya Mataji. Pero ella insistió en que me sentara en el taburete. Cada día, cuando entraba, ella se aseguraba que el taburete seguía allí. Ella me dio instrucciones para que me sentara y observara todo lo que pasaba y que estuviera vigilante todo el tiempo que estaba con ella. Este gesto fue excepcionalmente amable por parte de Mataji, porque para un sadhaka como yo, muchas cosas reveladoras sucedieron ante mis ojos.

Un día, un joven inteligente y brillante llegó junto con su madre y le dijo a Mataji: "Soy un ingeniero que trabaja en una gran empresa en Bangalore. Estoy soltero. Hace tres años fui iniciado en un mantra por un sannyasin de mucha reputación. He estado cantando este mantra con sinceridad desde entonces. Sin embargo, no me ha dado ningún beneficio espiritual –todavía estoy donde estaba. Sin embargo, tengo fe total en japa yoga. Recientemente oí hablar de usted y que usted da la iniciación en el japa. Me consumo con todo mi corazón por obtener un mantra. Por favor inícieme en el mantra correcto". Mataji escuchó atentamente y le preguntó cuál fue el mantra de la iniciación. Él respondió: "El mantra Narayana, 'Om Namo Narayana'". Mataji le dijo que fuera al día siguiente a la misma hora y que ella le iniciaría en el mantra adecuado. Luego añadió: debes recibirlo y recitarlo con todo cuidado, con atención y sinceridad hasta que se convierta en algo propio. Al día siguiente, cuando llegó el joven, Mataji le dijo: "Repita conmigo tres veces el mantra con el que voy a iniciarle". Yo seguía todo el asunto con gran interés. Para mi sorpresa, Mataji le dio el mismo mantra de la iniciación de hacía tres años –'Om Namo Narayana'–. Mientras miraba desconcertado, vi el rostro del joven. Incluso mientras repetía el mantra después de Mataji, con los ojos cerrados, su rostro se iluminó de alegría y éxtasis. Cayó de rodillas e hizo reverencias completas a Mataji varias veces. Ella lo bendijo con una sonrisa magnífica. Cuando se fueron, Mataji levantó la cabeza un poco y me miró sonriendo de una manera especial. Naturalmente, me supongo que ella conocía que yo sabía de otros casos similares. Por supuesto, así es como me gustaría interpretar ese gesto de Pujya Mataji levantando la cabeza y sonriéndome. Por lo tanto, siento que debo plasmar y compartir esos casos aquí, en beneficio de los aspirantes espirituales.

Permanecí con Mataji en Anandashram un total de dos meses. Durante ese período ocurrieron muchas cosas espiritualmente interesantes. Por supuesto, durante todos los días, el darshan de la mañana y la posibilidad de estar una hora cerca de Pujya Mataji fue mi elixir. Durante la primera parte de mi estancia, estaban celebrando el festival Navarathri[21] en toda la India. En Ramanasramam, el ídolo de la diosa Yogambal es sacado en procesión y se mantiene durante nueve días en el exterior de su santuario (su lugar de costumbre); la estatua de la diosa es decorada de forma atractiva durante nueve noches para representar diversos aspectos divinos de la divina Madre. Después de la novena noche, el ídolo es conducido en procesión al santuario interior. Todos los años yo solía participar activamente en la celebración de este festival. Me suele gustar tomar parte portando el ídolo de la santa Madre, tanto en su salida de su santuario como durante el retorno. Un día, mientras estaba en Anandashram recibí una carta de Ramanasramam avisándome que era el día en que se estaba llevando a cabo la procesión de la madre Yogambal y que todos ellos me iban a echar en falta. Yo estaba profundamente afectado por el hecho de que iba a perder esa oportunidad de oro de ser uno de los portadores de la santa Madre Yogambal. Esa tarde, alguien vino a mi habitación y me dijo que Mataji me estaba llamando. Cuando llegué a la sala, vi una silla atada a dos largos postes y devotos que hablaban con entusiasmo.

---

[21] Navaratri: es un importante festival celebrado en toda la India en honor de Durga. Significa 'nueve noches'. Durante nueve noches y diez días se adoran las formas de Shakti y Devi.

Supe por uno de ellos que Mataji, que estaba postrada en cama como he dicho antes, de repente expresó su deseo de visitar el samadhi de Pujya Papa Ramdas y rendirle homenaje. Ya que los médicos le habían prohibido estrictamente caminar, Swami Satchidananda había sugerido que se la podía llevar en una silla. En el momento en el que Mataji llegó a la sala comenzó a lloviznar. Luego los devotos ayudaron con dificultad a Mataji a sentarse en la silla. Inesperadamente, se volvió hacia mí y dijo con una sonrisa que debería estar en la parte delantera - ¡la posición exacta que yo solía ocupar en la procesión del ídolo de la madre Yogambal en Ramanasramam! Todos con alegría la llevamos en nuestros hombros fuera de la sala. Yo estaba en éxtasis puesto que vi claramente las manos divinas de Mataji detrás de este acto extraordinariamente compasivo para cumplir una simple necesidad mía. Por el camino, los devotos llevaban un paraguas sobre Mataji, ella dijo, "¡poned el paraguas sobre Ganesha. Se está empapando!". Cuando oí mi nombre mencionado por Mataji, me esforcé por girarme y mirarla con los ojos llenos de gratitud y alegría. Ella me sonrió y levantó la mano a modo de bendición y me dijo, "¿Estás feliz ahora?". Los actos de los santos son sumamente compasivos. Nunca antes y nunca después, Mataji volvió a sentarse en una silla y pedir a los demás que la llevaran. Para mí, no había ninguna duda de que ella estaba haciendo eso sólo para apaciguar mi deseo de llevar a la santa Madre en mis hombros. ¡Qué bendición para mí que felizmente pude llevar a la madre sagrada Yogambal —esta vez en carne y hueso — sobre mis hombros!

Creo con certeza que debo de haber acumulado un gran mérito en cientos de vidas pasadas para que un solo acto de gracia como ese descendiera sobre mí. Nadie supo por qué Pujya Mataji actuó como lo hizo en ese día sagrado. Tampoco me atreví a expresar ni siquiera vagamente a nadie que lo estuviese haciendo por mí. La relación entre un santo y un devoto es inescrutable –cualquier cosa puede suceder en cualquier momento. Pero una cosa es segura –el beneficio es siempre sólo para el devoto –.

Hay otra anécdota interesante de Mataji que quiero compartir con otros buscadores espirituales. Es importante, ya que resalta el valor y la belleza de los recuerdos e incidentes relacionados con sabios y santos. Cada hecho en la vida de un santo es una señal en el camino para el buscador espiritual o bien rectifique sus defectos o bien para reforzar sus virtudes. Cada uno de ellos está lleno de significado. Los que encuentran que estas anécdotas no se pueden aplicar a ellos, al menos habrán leído algo bueno e interesante. Tales lecturas no son nunca una pérdida de tiempo, ya que nos dan nueva energía espiritual. Estas lecturas llenan el corazón de alegría y nos conducen a un estado donde el tiempo parece haberse detenido. La alegría, el amor, la compasión - todos son verdaderos rasgos espirituales que ponen fin a la anarquía de 'tiempo' y 'mente'. Cuando nuestra 'mente' está activa en el pensamiento divisorio, entonces reinan la decepción, el desacuerdo, el odio, la ira, la tristeza, los celos, la amargura y así sucesivamente. La lectura sobre los santos y sus actos de compasión nos aportan una sensación de satisfacción plena, una sensación de no estar perdiendo el tiempo.

Anandashram, Kanhangad. Kerala

Durante mi larga estancia en Anandashram, Swami Madhurananda, residente amable, cordial y afectuoso del ashram en el que cuidaron tan bien de mí, me pedía que le contara historias e incidentes sobre Bhagavan Sri Ramana Maharshi. Así que durante unos días le complací contándoselas. En ese momento, apareció otra residente del ashram, Sashikala de Sekunderabad. Era una joven que estaba cerca de Mataji. Mataji le había permitido que ella le llevara la comida y también le asistiera en algunas de las necesidades personales de Mataji. Mataji le había guiado desde su infancia. Madhurananda solía hacer de trasmisor y contaba a Sashikala lo que yo le había narrado a él acerca de Sri Bhagavan. Sashikala, a su vez, contaba todas esas anécdotas a Mataji mientras le servía su comida. En el cuarto día, Mataji dijo a Sashikala que en lugar de recoger esas historias de Madhurananda, se debería fijar un tiempo y una hora conmigo y escuchar las historias directamente de mí y después diariamente narrársela a ella. Un día, debido a alguna razón de su ocupación, Sashikala no pudo escuchar mi narración y se perdió la sesión de anécdotas. Cuando fue a dar de comer a Mataji, ¡esta se negó a comer sin una historia sobre Ramana! Desde el día siguiente en adelante, nuestras sesiones de cuentos y anécdotas continuaron por las mañanas, todos los días sin interrupción.

En cuanto a mí, yo esperaba ansiosamente oír hablar de la hermosa reacción de Mataji a la historia sobre Ramana del día anterior. Me dijeron que Mataji siempre llamaba Sri Bhagavan su 'abuelo', mientras que Pujya Papá Ramdas siempre lo consideró como su 'padre'. Sí, la dedicación de Mataji a Sri Bhagavan era realmente muy profunda. Después de estas sesiones de cuentos y anécdotas, Mataji empezó a ver a Sri Bhagavan muy a menudo en su habitación. Algunos días, cuando ella estaba sufriendo de una enfermedad aguda, abiertamente nos decía que su 'abuelo' era muy amable con ella y estaba todo el tiempo allí con ella, consolándola y hasta sanándola. Swami Satchidananda me dijo que un día, cuando Mataji estaba en un estado grave, él corrió a su habitación. Dijo que ella le gritó, diciendo: "¡Satchidanandam! ¿Dónde estabas? Mira, mi abuelo ha llegado y está de pie con su bastón y kamandalu[22] fuera de la habitación. ¡Date prisa, hazlo entrar, ve! Invítalo a entrar en la habitación. Ofrécele un asiento cómodo. Cuida de él y asístele en todo. No te quedes ahí parado. ¡Vaya, vaya!". Al día siguiente cuando fui a su habitación temprano en la mañana como de costumbre, Mataji me sonrío con bondad y me dijo: "¿Lo ves? ¡Te dije que Pujya Bhagavanji es mi abuelo! Ayer, cuando mi salud llegó a un estado crítico, él llegó, se sentó cerca de mí y ¡me sanó!". Yo estaba muy emocionado. Hice lo único que podía hacer me levanté y me postré ante ella. Sentí la poderosa presencia de Sri Bhagavan en su propia estructura física, que, por supuesto, era muy frágil y estaba acostada en la cama.

Durante mis narraciones de historias y cuentos sobre Bhagavan, le conté a Sashikala la afirmación pronunciada por Sri Bhagavan sobre las restricciones de alimentos para los verdaderos sadhakas, que, estoy seguro, sigue siendo una orientación permanente para todos los aspirantes devotos. Sri Bhagavan solía comer como todos los demás - en el comedor. A una pregunta de un asistente, el Maharshi contestó: "Para un verdadero buscador que realiza sadhana, un poco de arroz y rasam son más que suficientes". Sri Bhagavan solía tomar un

---

[22] Kamandalu: pote o receptáculo para el agua que llevan los sadhus y también llevaba Ramana Maharshi.

poco de arroz en el plato de hoja de plátano complementándolo con rasam; lo convertía en una pasta fina y lo diluía aún más mediante la adición de agua más caliente. Una vez hecho esto, solía tomar esta mezcla con la mano derecha y se lo comía. Nunca quedaba ni un grano de sobra en su plato de hoja de plátano. La hoja de la que había comido siempre parecía fresca y sin usar.

Después de narrar esto a Sashikala, a eso de las 2.30 de la tarde alguien llamó a la puerta. Era la chica Neeru con una gran taza de rasam para mí. Ella me explicó: "Mataji quería que le diera esto a usted. Por favor, bébalo". Le pregunté cuál era el motivo. Ella me respondió: "¡Ah! Cuando Sashikala le dijo Mataji que Sri Bhagavan recomendaba rasam[23], Mataji se negó a comer la comida que ya estaba preparada. En su lugar, ella nos pidió que preparáramos rasam y nos dijo que en adelante sólo tomaría rasam y arroz, según lo aconsejado por su 'abuelo'. Ella también nos pidió que preparásemos una gran cantidad de rasam para distribuirlo a todos los residentes del ashram". Me sentía emocionado - ¡que cumplimiento inmediato y qué gran humildad! No hay necesidad de repetir aquí que cuando fui a ver a Mataji a la mañana siguiente, su primera

---

[23] Rasam o rasaam: sopa picante de tomate del sur de la India.

consulta fue, "¿Bebió el rasam?".

Este episodio del rasam es una guía práctica, útil y vital para todos los verdaderos buscadores de todo el mundo. Quizá los devotos de occidente no puedan conseguir 'arroz y rasam', pero pueden reducir al mínimo el consumo de alimentos ricos y cambiarlos por unas rebanadas de pan y una sopa. Esta es una clara instrucción de Sri Bhagavan y totalmente aprobada y seguida meticulosamente por Pujya Mataji. Los buscadores espirituales maduros deben prestar toda su atención a la práctica de la auto-investigación o cualquiera que sea su modo de práctica espiritual y conscientemente se deben abstener de prestar demasiada atención a la riqueza y variedad de los alimentos. Por supuesto, uno puede olvidarse de esto ocasionalmente - en una fiesta inevitable, o cuando se tienen huéspedes en casa o cuando se está de vacaciones.

Permanecí con Mataji durante dos meses completos. Cuando mi padre le envió una carta pidiéndole que me enviase de regreso, ella me requirió que así lo hiciera. Al día siguiente, cuando fui a verla, me preguntó: "Siento que quieres decirme o preguntarme algo. ¡Hijo, por favor, adelante, dímelo!". Aunque estaba deseando hacerlo, yo me sentía reacio a empezar teniendo en cuenta su mala salud. Comprendiendo mi situación, ella me hizo un gesto para que se acercara, me tocó la cabeza y me dijo que mi duda se había despejado. Emocionado hasta las lágrimas, le abrí completamente mi corazón: "¡Mataji! Hace más de veinticinco años usted fue tan amable de guiarme en la práctica espiritual y la vida. Me ha protegido como usted me había asegurado. En ese tiempo, no ha surgido la necesidad de volver aquí para ninguna orientación personal adicional ni ninguna aclaración. Todo fue muy bien. Usted, literalmente, me ha demostrado que aunque se encontrara a cientos de millas de distancia, estaba conmigo cada vez que surgía una necesidad. A través de su gracia, he sido capaz de llevar las cosas a cabo y siempre he comprendido claramente que es Pujya Mataji quien guía mis acciones.

Ramanasramam, que tenía muchas deudas cuando fui allí, ahora está en una situación próspera. Con la entrada constante de donaciones se han podido construir muchas habitaciones y casas de huéspedes para los sadhakas que desean quedarse. Muchos manuscritos importantes de los archivos se han publicado en forma de libros. Con el nacimiento de la revista del ashram, 'The Mountain Path', a través de sus páginas, el nombre y las enseñanzas de Sri Bhagavan se están extendiendo por todo el mundo. Les pedimos a los antiguos devotos que escribiesen sus recuerdos de Sri Bhagavan y la mayoría de ellos ya se han publicado en forma de libros - todos ellos son muy populares entre los devotos.

"¡Mataji! Usted especialmente me ordenó traer de vuelta a todos los antiguos devotos de Sri Bhagavan que se habían alejado de Ramanasramam, que volviesen como residentes, que los cuidara bien y atendiera a sus necesidades. Me complace informarle de que entre cuarenta y cincuenta antiguos devotos han estado atendidos en el ashram. No sólo hemos podido cubrir sus necesidades diarias sino que durante sus últimos días se les dio la atención médica necesaria. Y, cuando abandonaron sus cuerpos, ayudamos a llevar el cuerpo al cementerio y les hemos enterrado o incinerado, según su deseo. Ahora, sólo quedan los dos devotos más ancianos. Cuando ellos también mueran y alcancen los pies de loto de Satguru Ramana, mi trabajo en el Ashram habrá terminado. Después de eso, quiero dedicarme totalmente a mí mismo, a mi sadhana interior, según lo enseñado por Sri Bhagavan. Quiero –según lo que usted me aconsejó – convertirse en un 'nadie'. ¡Mataji! Permítanme que me disuelva, que desaparezca como una entidad desconocida, buscando seriamente la verdad. Quiero ser relevado de todas las responsabilidades y mi solo propósito es perseguir mi sadhana. Por favor, bendígame de modo que pueda ser absolutamente libre - espiritual, mental y físicamente". Mataji me pidió que me acercara aún más, tomó mi cabeza en su regazo, y le dijo: "¿Quién son los dos devotos que todavía están vivos y qué edad tienen?" Le respondí: "Uno es Kunju Swami y el otro es Ramaswamy Pillai.

¡El primero tiene 94 años y el segundo 96 años! Ambos están muy ágiles y con buena salud. Les quiero mucho a los dos. No quiero que me dejen. ¡Son tan admirables!"

[Kunju Swami falleció en 1992 y Ramaswamy Pillai, en 1995]

Pujya Mataji me tocó la cabeza y dijo en un tono muy firme, "¡Hijo! Te concedo ese estado de total libertad. Es mi responsabilidad. Sin embargo, hay algunas cosas que aún no se han completado por ti y a través de ti. Después de eso, serás libre. Hasta entonces, se paciente y cumple con el trabajo encomendado. Enfréntate a todos los problemas con fortaleza de ánimo. Hay que sobrellevar los insultos, los actos de ingratitud y la privación – a todo esto tendrás que hacerle frente. Esto te fortalecerá y te preparará para seguir la ardua sadhana que has elegido. ¡Nunca te desanimes, hijo mío! ¡Recuerda, yo estoy contigo todo el tiempo! Mis bendiciones caen plenamente sobre ti. ¡Tú estarás siempre bendecido por Pujya Sri Bhagavanji!".

Me levanté con una intensa emoción y me postré en repetidas ocasiones ante Mataji. Mi gratitud se desbordó y mis ojos se llenaron de lágrimas que me impedían ver esa hermosa forma divina. Me encontraba extasiado por la seguridad espiritual que me había dado Mataji. Ella es verdaderamente la santa Madre.

Desde el momento en que volví de Anandashram y hasta que salí de la gestión de Ramanasramam, gran parte de las perturbaciones externas que me han causado me han hecho daño en lo más profundo. Sin embargo, también he sido afortunado de poder darme cuenta que durante ese proceso mismo de incertidumbres, un delgado hilo de desapasionamiento, de sentirme centrado y de estabilidad interna se ha estado formando dentro de mí. Las potentes palabras de Pujya Mataji, "Eso te fortalecerá y te preparará para seguir la ardua sadhana que has elegido", se hicieron realidad de forma profética.

Lo más trágico de todo esto fue que muchos de los que estaban más cerca de mí durante todos esos años, se volvieron en mi contra. Sin embargo, de nuevo, como me aseguró Mataji, ella se puso a mi lado protegiéndome –aunque de manera imperceptible – en la forma de un par de amigos muy dedicados y muy especialmente, a través del ser realizado Swami Ramsuratkumar su devoto discípulo –quien me ha ofrecido su incansable y prolongada protección hacia mí durante ese período inevitable de 'la noche oscura del alma'–.

Este relato acerca de Pujya Mataji Krishna Bai, está dedicado al principio de la Madre Divina Universal, cuya sola presencia derrama su luz, sus gracias y bendiciones en gran abundancia sobre cada uno de nosotros –los verdaderos aspirantes espirituales –».

Ganesan con Annamalai Swami

YOGI RAMSURATKUMAR

*Voy a centrarme en la relación de Ganesan con Yogi Ramsuratkumar. Para leer acerca de la vida de Yogi R., llena de aventuras e incidentes, vayan a 'Ramana Periya Puranam', el libro anterior de Ganesan.

Yogi Ramsuratkumar nació en un pueblecito cerca de Kasi (Varanasi, Benarés). Desde su juventud tenía una gran tendencia a la espiritualidad y le encantaba estar cerca de los numerosos hombres santos (sadhus, ascetas y swamis) que venían o vivían en Benarés.

Hacia 1945, uno de estos swamis le indicó que su gurú (maestro) se encontraba en el sur de la India y que debía buscarlo allí. Fue a Pondicherry, al ashram de Sri Aurobindo, pero nada ocurrió y se fue decepcionado. Un sadhu errante le habló entonces de un mahatma que vivía en Tiruvannamalai y que ese santo estaba accesible día y noche.

Así que Yogi R. fue a Tiruvannamalai y tuvo su darshan (visión) de Ramana Maharshi. Esa visión del Maharshi le inundó de gracia y Yogi R. estuvo viviendo cerca de Arunachala varios meses. Después viajó al Himalaya.

Al regresar a Tiruvannamalai en 1952, Bhagavan había dejado este mundo y la ausencia de Ramana Maharshi le afectó profundamente. Hablando con uno de los viejos residentes del ashram, T.K. Sundaresa Iyer, este le envió a ver a Swami Ramdas en Kerala. Swami Ramdas le atendió y le pidió que recitara el mantra del Dios Rama. Así es como Yogi R. recuperó la gracia divina y durante el resto de su vida, siempre se mostró agradecido a Swami Papá Ramdas.

Yogi Ramsuratkumar abandonó su cuerpo en 2001. Hacia 1994-5 estableció un pequeño ashram en Tiruvannamalai, no lejos de Ramanasramam. Este ashram de Yogi R. se ha ampliado bastante y puede visitarse hoy día.

Yogi Ramsuratkumar ha tenido una presencia importante en la vida de V. Ganesan, durante más de 45 años. Fue él quien envió a Ganesan a ver a Papá Ramdas en Kerala en 1960 (ver el capítulo anterior).

Ganesan ha sido testigo de innumerables curaciones realizadas por Yogi R. ha sido testigo también de lo que consideramos 'milagros'.

Por sugerencia de Yogi Ramsuratkumar, Ganesan se alejó de Ramanasramam durante un año y fue a vivir a Benarés en 1988. Ganesan pasó un 'año lleno de paz' en Benarés, residiendo en Rajghat en la Fundación Krishnamurti. Yo creo que Yogi R. envió a Ganesan a Varanasi para que este recobrara la paz mental, ya que el aquel tiempo en Ramanasramam había bastantes conflictos con la administración del ashram, es decir, hablando claro, con su propia familia.

El caso es que al poco tiempo de regresar al ashram de Ramana, Ganesan se encontró con un ataque difamatorio contra él. Fue un duro periodo de ansiedad para él que puede leerse entre líneas en los párrafos finales de su escrito sobre

Krishna Bai. En esa época de angustia, Swami Ramsuratkumar fue la mejor ayuda y el mayor soporte para Ganesan, junto al apoyo espiritual de Mataji Krishna Bai. En medio de la zozobra Yogi R. le dijo a Ganesan: «Ganesan, ese ataque difamatorio es puro veneno, pero debes hacer como Shiva, que se tragó el veneno[24]».

Más adelante, Yogi Ramsuratkumar animó a Ganesan a hablar sobre Ramana Maharshi en su casa 'Ananda Ramana' y Ganesan aceptó la sugerencia, como he contado al principio.

Hacia 1996 (no estoy seguro de la fecha), cuando Yogi R. inauguró su pequeño ashram en Tiruvannamalai, Ganesan fue uno de los invitados.

Yogi R. se despidió de él con estas palabras: «Donde quiera que vayas, Gansesan, este mendigo[25] siempre irá contigo».

***

[Algunas palabras de Yogi Ramsuratkumar]

«Este mendigo murió en 1952 a los pies de su maestro Swami Ramdas. Solo el Padre existe ahora, en forma de este mendigo».

---

[24] Una de las tradiciones sobre Shiva es que se tragó el veneno del océano y lo mantuvo en su garganta, para así salvar a la humanidad. Muruganar alude con frecuencia a esta historia.
[25] Yogi R. se llamaba a sí mismo "este mendigo".

68

«Solo el Padre existe, nadie más, nada más. El pasado, el presente y el futuro son solo mi Padre, que lo inunda todo, por todas partes, todo está incluido en él. Todos los objetos, personas y animales son mi Padre».

«El Padre no ha concedido a este mendigo el don de enseñar. El Padre dio el trabajo de predicar y de enseñar a Sri Ramakrishna, a Swami Ram Thirtha, a Sri Aurobindo, a Bhagavan Sri Ramana Maharshi y a Swami Ramdas. Pero el Padre ha concedido a este mendigo el trabajo de aliviar el sufrimiento físico, mental y espiritual de los buscadores espirituales. Todo y todos son el Padre. El Padre solo es».

Termino con una frase de Sri Ramana Maharshi que Yogi Ramsuratkumar solía repetir con frecuencia:

«La única finalidad de la vida es la Realización[26] del Yo. Todo el resto de actividades son una pérdida de tiempo».

---

[26] Realización no es una buena traducción en castellano: habría que decir, 'conocimiento directo del Yo', 'experiencia directa del yo'.

*Si alguien desea más información acerca de Yogi Ramsuratkumar, existe una biografía suya, traducida del francés:
- 'Yogi Ramsuratkumar, el mendigo divino'.
También pueden intentar ponerse en contacto con su ashram en Tiruvannamalai.

Yogi Ramsuratkumar dando su bendición

EXTRACTOS DE 'DROPS FROM THE OCEAN'

[Buceando en tu interior]

"Sumérgete en ti mismo", "ve hacia tu interior", "bucea en tu interior", estas son las potentes instrucciones de Bhagavan Ramana que nosotros tenemos que poner en práctica necesariamente. Para comenzar este viaje interior, debemos retirar la atención de lo que vemos. Realizar esa inhibición en su totalidad es ciertamente difícil. Por lo tanto, es mejor entrenarse en retirar nuestra atención conscientemente de los objetos hechos por el hombre. Desde el comienzo, esto se puede lograr con facilidad al desplazar la atención a las cosas creadas por Dios.

[Disolver el karma]

Este texto proviene de una conversación entre Ramana Maharshi y T. P. Ramachandra Iyer, un abogado tamil que se retiró de su puesto para venir a Ramanasramam en 1940. Ramachandra Iyer preguntó a Bhagavan sobre cómo eliminar el peso del karma pasado. Esta es la respuesta de Bhagavan:

«Acepta y percibe sin una sombra de duda y sin ninguna reacción por tu parte que cualquiera cosa que haya ocurrido en tu pasado hasta este momento ha sucedido por mandato divino. Entonces, se genera una tremenda energía que de un plumazo borra nuestro pasado, con la comprensión que nadie, a través de su esfuerzo, puede borrar su pasado».

[Los demás no existen]

Una vez, un devoto de Bhagavan estaba acompañando a Ramana en su paseo matutino. El devoto
(aunque movido por un genuino interés) criticó a otro seguidor de Ramana que se había marchado del ashram.
Ramana Maharshi le habló así:

«No existen los otros. Ocurre solo que la persona considera que su cuerpo es él/ella y por tanto considera a los otros también como cuerpos. Solo existe 'YO SOY'. Si enfocamos la atención en el 'YO SOY', nos damos cuenta que eso que llamamos cuerpos, mentes, el mundo, acciones buenas y malas, no existen».

[I am here][27]

La experiencia de muerte de Ramana Maharshi le reveló que incluso tras la muerte del cuerpo, él pervivía como Percepción/Conciencia. Se dio cuenta en ese instante que la Consciencia es el principio único sobre el que se proyectan el cuerpo, la mente y el mundo, igual que los fotogramas en una pantalla de cine. Durante la experiencia de muerte del cuerpo, él experiemntó esta Consciencia. Incluso después que terminó la experiencia, él continuó en esa Percepción/Consciencia durante cincuenta y cuatro años. No es de extrañar, pues, que en los momentos finales de su vida, antes de abandonar su cuerpo, cuando los devotos le preguntaron qué iban a hacer sin él, Bhagavan aseguró claramente: «¿A dónde podría ir? Estoy aquí siempre[28]»

.

[Rendir los pensamientos]

Estar en el AHORA, de hecho y por completo, significa NO generar pensamientos ni del pasado ni del futuro. Significa entonces que debemos permanecer en quietud, sin ningún tipo de vibración mental. Esas vibraciones mentales no son sino ruidos que resuenan en el mente, como un eco.
El presente, el AHORA, es quietud y silencio total.

---

[27] Dejo estas palabras de Ramana sin traducir.
[28] Habría que traducir 'Soy aquí siempre'.

***

[La vida o la experiencia de vivir]

Nunca te pierdas en lo que fuiste ni en lo que podrías o deberías ser. Siempre SE LO QUE REALMENTE ERES. Esta es la enseñanza esencial de Bhagavan.

Bhakti poornathaya jnanam: la sabiduría, el conocimiento (jnana) son la cumbre de la devoción (bhakti).

[La Gracia está siempre]

Bhagavan lo explicó claramente:

«Sí, la Gracia es necesaria para eliminar la ignorancia. Pero la Gracia está siempre ahí. La Gracia es el Yo. No es algo que se deba lograr o adquirir. Todo lo que se necesita es saber que existe».

EXTRACTOS DE 'DIRECT TEACHINGS'

La Verdad, la Realidad es tu Ser real, sin ningún rastro de pensamiento. Eso es el Yo. SER este silencio, que es el Yo, es también Auto-Conocimiento. «Ser simplemente es la Verdad; ser 'esto' o 'aquello' es lo falso», decía Bhagavan.

[p. 75]

Dice Bhagavan Ramana:
«La respuesta a "¿quién soy yo?" está en la misma pregunta, porque:
- TÚ eres la pregunta.
- Tú eres ESO.
- Tú eres el YO».

[p.76]

Si Bhagavan dijo que el gurú verdadero es el propio Yo, entonces, por lo tanto, ¡para el 'gurú interior' no puede haber ignorancia! Siguiendo cuidadosamente esta enseñanza, invocando nuestro 'gurú interior' en nuestra vida diaria, nos permite darnos cuenta que no existe la ignorancia en absoluto, ni existe la oscuridad. Lo que existe, existe en Perfección y ¡nosotros nunca estamos lejos de esa Perfección! Solo hay que despertar a esa Verdad.

[p. 89]

"Se Tú mismo (o Se tu Yo)" es el mandamiento del Maharshi, siguiendo el cual, la persona acaba por ver que somos solamente Luz Eterna. "Permanecer en el Yo, es **conocer** el Yo", dijo Bhagavan.

[p. 113-14]

«'Yo Soy' es la Verdad, en cada uno de nosotros. Permanecer siempre como 'Yo soy' es la enseñanza directa de Sadguru Bhagavan Ramana. La Gracia del gurú (maestro) se derrama magnánimamente sobre quien pone en práctica esta instrucción de gurú Ramana. Esa práctica es la compensación que el devoto puede ofrecer al maestro. La '*Anugraha*' (Gracia, Bendición), siempre está ahí, permanentemente, nos aseguró Bhagavan Ramana».

[p. 149]

[Nota del editor]
Quisera terminar con esta cita que encontré en la página 137 de 'Direct Teachings' que no pertenece a Ganesan, sino a Swami Rajeswarananda, porque me parece que recoje la esencia de toda la enseñanza de Sri Ramana Maharshi.

Apenas he podido averiguar nada sobre Swami Rajeswarananda, excepto que fue un monje de la Orden de Ramakrishna que visitó a Ramana hacia 1940 y que escribió un librito sobre él. También fue uno de los dos editores de la revista 'The Call Divine', publicada en Mumbai en la década de 1950.

«Conocer a Bhagavan Ramana es Ser Bhagavan mismo. Ya que, Conocer es Ser y Ser es Conocer».

Swami Rajeswarananda

ESPERO QUE ESTE LIBRITO LES SIRVA.

OM SHANTI

jc

_____

Made in United States
North Haven, CT
10 October 2022

25243597R00050